intaı

Fundo / finca / rancho

Propietario

Ubicación

Corral / vaquera / tambo

Año

Manual de instrucciones para el uso de Intar Sanidad Animal

Intar Sanidad Animal, es un libro diseñado para el registro de información del Control Sanitario y Registros de los casos e incidencias de Enfermedades de su rebaño. Es una útil herramienta para realizar registros mensuales y Anuales para el seguimiento, supervisión, diagnóstico y la oportuna administración de Tratamientos Farmacológicos que permiten mantener o mejorar la Salud de su rebaño.

A través de los registros de información, Ud. obtiene estadística mensual y anual básica sobre las incidencias y prevalencia de enfermedades y del uso y resultados de Medicamentos Veterinarios en cada caso, tanto individual como en lotes o grupos etarios de animales de su rebaño.

Además, con Intar Sanidad Animal, Ud. puede diseñar el Programa Sanitario Anual de su rebaño y supervisar el seguimiento para la ejecución oportuna y efectiva de dicho programa.

A continuación le presentamos las instrucciones para el manejo y registro de la información.

Hoja de registro de datos de identificación

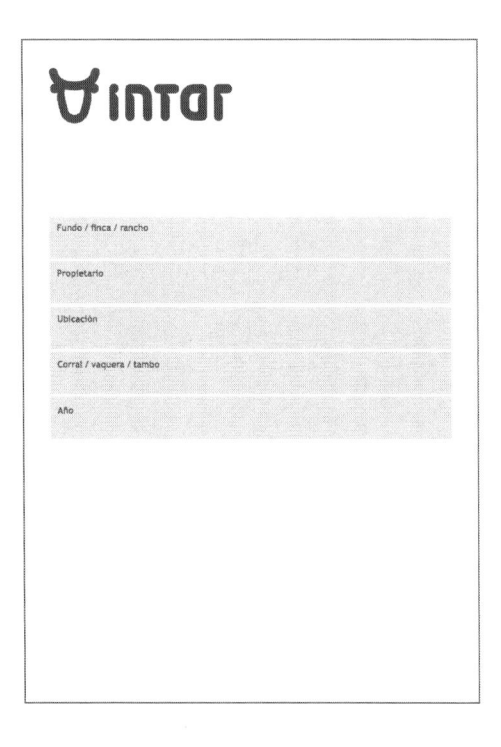

En esta hoja registre sus datos y personalice su libro. Registre el nombre de su empresa ganadera, fundo, finca o rancho, Ubicación, Nombre del propietario y en caso de ser necesario Ud. podrá usar un libro para cada corral, vaquera o tambo; por lo tanto registre los datos requeridos para personalizar su libro.

Control sanitario
Programa sanitario anual

NOMBRE DE CONTROL SANITARIO	ENE	FEB	MAR	ABRIL	MAY	JUN	JUL	AGO	SEPT	OCT	NOV	DIC	OBSERVACIONES
Vacuna Fiebre Aftosa													
Vacuna Clostridiales													
Vacuna Comp Viral Resp.- Repro.													
Vacuna Brucelosis													
Vacuna Leptospirosis													
Vacuna Rabia Paralitica													
Prueba de Tuberculosis													
Prueba de Brucelosis													
Prueba de Mastitis													
Desparasitaciones Lactantes													
Desparasitaciones Destetes													
Desparasitaciones Levante o Engorde													
Desparasitaciones Hembras Adultas													
Desparasitaciones Reproductores													
Control Ectoparasitos													
Control de Hemoparasitos													

A través de esta planilla, Ud. podrá realizar la programación anual de su programa Sanitario. Se incluyen todas las vacunas, elaboración de Pruebas Diagnósticas, control de parásitos internos y externos de diferentes grupos etarios de su rebaño.

Para ello, recomendamos marque con una X o rellene el espacio en la cual deberá realizarse el control sanitario en el mes que corresponda, según el programa que Ud. haya diseñado para su rebaño. Y una vez se haya realizado o ejecutado el control, Ud. complementa la información en las hojas de Registro de Vacunas, Desparasitaciones y Pruebas Diagnósticas correspondientes en cada Mes.

Registro de vacunas

En esta planilla Ud. podrá registrar toda la información referida a su programa de vacunación mensual.

Fecha de Aplicación	ID Lote Animales	Nro Animales	Nombre Vacuna	Lote Vacuna	Tipo de Vacuna	Nombre Comercial	Dosis	Fecha de Vencimiento	Fecha Revacunacion

Fecha de Aplicación: Se refiere a la fecha en la cual ha realizado la aplicación de la vacuna.

Id Lote de Animales: registre el nombre o identificación del lote de los animales vacunado.

Nro. Animales: Es un dato cuantitativo. Registre la cantidad de animales que ha vacunado del lote referido.

Nombre Vacuna: registre el nombre de la vacuna, o enfermedad que desea prevenir.

Lote Vacuna: Se refiere al lote de la vacuna fabricada. Es un código que genera el fabricante y que es utilizado en la emisión de certificados de vacunación de la legislación sanitaria en algunos países.

Tipo de vacuna: Se refiere a si la vacuna es a virus vivo, virus atenuado, bacterina, etc. Generalmente este dato esta descrito en las especificaciones del producto.

Nombre Comercial: Registre el nombre comercial de la vacuna.

Dosis: Se refiere a la cantidad de ml que debe suministrar de la vacuna.

Fecha de Vencimiento: algunas legislaciones sanitarias exigen este dato para los certificados de vacunación. Registre este dato para su uso requerido.

Fecha de Revacunación: Algunas vacunas requieren una segunda o tercera dosis, también llamada "repetición". Registre la fecha en la cual debe repetirse la vacunación para su refuerzo.

Control parasitario

A través de esta planilla, Ud. puede registrar la información mensual del control de parásitos de su rebano.

Fecha de Aplicación	ID Lote Animales	Nro Animales	Tipo Control	Via de Administración	Principio Activo	Nombre Comercial	Laboratorio	Dosis mL	Fecha Repeticion

Fecha de Aplicación: Registre la fecha de realización de la desparasitación de sus animales.

Id Lote Animales: Se refiere a la identificación o nombre del lote desparasitado.

Nro. Animales: Registre el número de animales que han sido desparasitado del lote mencionado.

Tipo Control: Se refiere si es un control de Endoparásitos (Parásitos Internos) por ejemplo: para sitios pulmonares, gastrointestinales, etc. O Ectoparásitos (Parásitos Externos) por ejemplo: Moscas, garrapatas, etc.

Vía de Administración: Según el tipo de producto y su función como agente desparasitante existen diferentes vías de aplicación. Por ejemplo: vía subcutánea, intramuscular, tópico, pour-on, aspersión, oral, etc.

Principio Activo: registre el nombre del producto químico o componente químico del producto que ha utilizado para el control parasitario (Ej: ivermectina, ricobendazol, mebendazol. Levamisol, doramectina, amitraz, ethion, cipermetrina, etc).

Un principio activo (o sustancia activa) es toda sustancia o mezcla de sustancias destinadas a la fabricación de un medicamento y que, al ser utilizadas en su producción, se convierten en un componente activo de dicho medicamento destinado a ejercer una acción farmacológica, inmunológica o metabólica.

Nombre Comercial: Se refiere al nombre del producto según el fabricante y su marca comercial. : En la industria farmacéutica, es el nombre que identifica el medicamento de un determinado laboratorio farmacéutico. El nombre comercial es muy distinto al nombre del principio activo del medicamento en cuyo caso se le denomina nombre genérico.

Laboratorio: se refiere al nombre del laboratorio o compañía fabricante y representante del producto.

Dosis ml: Se refiere a la dosis en milímetros que deben ser administradas por kilogramo de peso vivo según el fabricante.

Fecha Repetición: se refiere a la fecha en la cual el producto debe ser administrado nuevamente.

Pruebas diagnosticas

Fecha	ID Lote Animales	Nombre de la Pruba	N° Reacciones	Fecha Repeticion	Observaciones

Fecha: Registre la fecha de realización de la prueba Diagnóstica.

Id Lote Animales: registre la identificación o nombre del lote de animales que realizo la prueba diagnostica.

Nombre de la Prueba: Se refiere al nombre de la prueba diagnóstica. Por ejemplo: Prueba de Tuberculosis, Prueba de Brucelosis, California Mastitis Test (CMT), Coprologia, Hematologia, Prueba para determinar hemoparasitos, etc.

Nro. Reacciones: Se refiere a la cantidad de animales que resultaron reaccionantes o positivos a la muestra.

Fecha de Repetición: Se refiere a la fecha en la cual se debe repetir la prueba para su control. Algunas fechas son mensuales, trimestrales, semestrales o anuales. En todo caso registre la fecha en la cual debe realizarse de nuevo la prueba.

Observaciones: registre cualquier observación o nota necesaria

Control mensual de enfermedades del rebaño

En esta sección, Ud. podrá registrar toda la información de las incidencias de Enfermedades de su rebaño y sus tratamientos.

Para ello lo hemos dividido en Control de Enfermedades y Tratamiento Individual y Control de Enfermedades y Tratamiento de Lotes.

Control de mensual de enfermedades y tratamiento individual

A través de esta planilla, Ud. podrá registrar aquellos datos referidos a las enfermedades de animales con identificación individual. Está diseñada para registrar toda la información importante sobre las incidencias y prevalencia de Enfermedades de su rebaño.

Para ello le ofrecemos 4 planillas mensuales para el registro de 22 animales por planilla, para un total de registro de 88 animales.

Registro de enfermedades individuales

Fecha	Id Animal	Sintomatologia	Descripcion del Examen	Resultado	Diagnostico

Fecha: registre la fecha en la cual se conoce el inicio de la enfermedad del animal o se determinado que el animal está enfermo.

Id Animal: Se refiere a la Identificación o número del animal que se ha enfermado.

Sintomatología: registre los síntomas que presenta el animal enfermo
Descripción del Examen: Se refiere al nombre o descripción del examen diagnostico que se ha realizado para determinar la enfermedad que afecta el animal.

Resultado: describa los resultados del examen clínico o de laboratorio, bien sea positivo o negativo.

Diagnóstico: Una vez descrito la sintomatología, la realización de un examen y su resultado, se podrá describir la enfermedad o causa principal de la enfermedad que sufre el animal.

REGISTRO MENSUAL DE TRATAMIENTOS INDIVIDUALES

Esta planilla permite complementar la información registrada en las planillas de registro de Enfermedades, y está diseñada para que se registre la información referida a los tratamientos farmacológicos que han sido prescritos por el Médico Veterinario o la persona responsable

Fecha	ID Animal	Enfermedad	Principio Activo	Nombre Comercial	Dosis mL	Vía Administración	Frecuencia	Recuperado	Médico Veterinario
							Total		

Fecha: registre la fecha del inicio del tratamiento del animal enfermo
Id Animal: Registre la identificación o numeración del animal enfermo que ya ha diagnosticado la enfermedad.

Enfermedad: Registre el nombre de la enfermedad diagnosticada en el animal identificado.
Principio Activo: Registre el principio activo o nombre del producto desde el punto de vista químico. Un principio activo (o sustancia activa) es toda sustancia o mezcla de sustancias destinadas a la fabricación de un medicamento y que, al ser utilizadas en su producción, se convierten en un componente activo de dicho medicamento destinado a ejercer una acción farmacológica, inmunológica o metabólica.

Nombre Comercial: En la industria farmacéutica, es el nombre que identifica el medicamento de un determinado laboratorio farmacéutico. El nombre comercial es muy distinto al nombre del principio activo del medicamento en cuyo caso se le denomina nombre genérico.

Dosis ml: Se refiere a la dosis del medicamento prescrito por el Médico Veterinario o responsable de la salud del rebaño.

Vía de Administración: Según el tipo de producto y su función, como agente farmacológico existen diferentes vías de aplicación (intramuscular, subcutánea, oral, etc).

Frecuencia: Se refiere a la cantidad de dosis deben administrarse al animal enfermo. Es decir; cada 12 horas, cada 24 horas, etc y cuantas veces.

Recuperado: se refiere a si el animal se recuperó o no. Registre Si en caso de que el animal se haya curado, o la palabra No en caso de que no se haya recuperado, y se produce la muerte del paciente.

Médico Veterinario: Registre el nombre del Médico Veterinario que ha diagnosticado la enfermedad y ha prescrito el tratamiento farmacológico.

Total: Registre la cantidad total de animales recuperados. Este dato le permite determinar la morbilidad de las diversas enfermedades que afectan sus animales mensualmente y anualmente.

Control mensual de enfermedades y tratamientos por lotes
Registro mensual de enfermedades por lotes

Fecha	ID Lote	Ubicación	Número de animales	Sintomatología	Descripción del Examen	Resultados	Diagnóstico
		Total					

Fecha: registre la fecha en la cual se conoce el inicio de la enfermedad del animal o se determinado que el animal está enfermo.

Id Lote: Se refiere a la Identificación del lote que presenta animales que se han enfermado.

Número de Animales: Registre la cantidad de animales enfermos dentro del lote.

Sintomatología: registre los síntomas comunes que presentan los animales enfermos.

Descripción del Examen: Se refiere al nombre o descripción del examen diagnostico que se ha realizado para determinar la enfermedad que afecta el animal.

Resultado: describa los resultados del examen clínico o de laboratorio, bien sea positivo o negativo.

Diagnóstico: Una vez descrito la sintomatología, la realización de un examen y su resultado, se podrá describir la enfermedad o causa principal de la enfermedad que sufre el animal.

Total: Registre a través de una sumatoria, el total de animales que se han enfermado durante el mes.

Registro mensual de tratamientos por lotes

Esta planilla permite complementar la información registrada en las planillas de registro de Enfermedades, y está diseñada para que se registre la información referida a los tratamientos farmacológicos que han sido prescritos por el Médico Veterinario o la persona responsable ante la presencia de animales enfermos en lotes.

Fecha	ID Lote	Número de Animales	Enfermedad	Principio Activo	Nombre Comercial	Dosis mL	Vía Administracion	Frecuencia	Recuperados	Médico Veterinario
	Totales									

Fecha: registre la fecha del inicio del tratamiento del animal enfermo.

Id Lote: Registre la identificación del lote en la cual ha diagnosticado animales enfermos.

Número de Animales: Registre la cantidad de animales enfermos.

Enfermedad: Registre el nombre de la enfermedad diagnosticada en el animal identificado.

Principio Activo: Registre el principio activo o nombre del producto desde el punto de vista químico. Un principio activo (o sustancia activa) es toda sustancia o mezcla de sustancias destinadas a la fabricación de un medicamento y que, al ser utilizadas en su producción, se convierten en un componente activo de dicho medicamento destinado a ejercer una acción farmacológica, inmunológica o metabólica.

Nombre Comercial: En la industria farmacéutica, es el nombre que identifica el medicamento de un determinado laboratorio farmacéutico. El nombre comercial es muy distinto al nombre del principio activo del medicamento en cuyo caso se le denomina nombre genérico.

Dosis ml: Se refiere a la dosis del medicamento prescrito por el Médico Veterinario o responsable de la salud del rebaño.

Vía de Administración: Según el tipo de producto y su función, como agente farmacológico existen diferentes vías de aplicación (intramuscular, subcutánea, oral, etc).

Frecuencia: Se refiere a la cantidad de dosis deben administrarse al animal enfermo. Es decir; cada 12 horas, cada 24 horas, etc y cuantas veces.

Recuperados: se refiere a la cantidad de animales recuperados o no.

Médico Veterinario: Registre el nombre del Médico Veterinario que ha diagnosticado la enfermedad y ha prescrito el tratamiento farmacológico.

Total: Registre la cantidad total de animales recuperados. Este dato le permite determinar la morbilidad de las diversas enfermedades que afectan sus animales mensualmente y anualmente.

Muertes

A través de esta planilla, Ud. podrá registrar la muerte de aquellos animales que no se recuperaron al tratamiento o sufrieron una muerte sin previo aviso debido a diversas causas.

Fecha	Id Animal	Id Lote	N° Animales	Causa	Observaciones

Fecha: Registre el día o fecha en la cual ocurrió la muerte del animal.

Id Animal: en caso de registrar una muerte individual, registre el número o identificación del animal que ha muerto.

Id Lote: En este espacio registre la identificación del lote al cual pertenece el animal muerto, o en caso de que requiera registrar la muerte de un animal no identificado de forma individual, registre el nombre del lote y luego en el cuadro siguiente registre el número de animales que han muerto correspondiente a ese lote.

Número de Animales: Se refiere a la cantidad de animales muertos en el lote identificado previamente.

Causa: Se refiere a la causa de la muerte del animal. Una vez Ud. haya realizado el diagnóstico del animal enfermo, haya realizado el tratamiento y no hubo la recuperación del animal, Ud. registra la causa de muerte escribiendo la enfermedad diagnosticada desde el inicio del proceso de la enfermedad. En caso de no haber realizado el previo proceso de diagnóstico, escriba la palabra 'desconocida".

Observaciones: registre cualquier observación adicional que sea requerida para complementar la información de su interés.

Resumen mensual de enfermedades del rebaño

Enfermedad Diagnosticada o Causas	Nro de Casos	Total Recuperados	Total Muertes	Inventario al cierre Mensual	% Morbilidad	% Mortalidad
Total				Promedio % General		

A través de esta planilla Ud. podrá registrar los datos resumidos del proceso de diagnóstico y tratamiento de los animales de su rebaño.

Le permite registrar la incidencia de hasta 15 enfermedades o causas de afección en sus animales.

Enfermedad Diagnosticada o Causa: Utilizando las planillas de enfermedades mensuales, en esta columna escriba las enfermedades que se han presentado en su rebaño durante el mes. Escriba el nombre de la enfermedad

Número de Casos: A través de este dato Ud. podrá conocer la prevalencia e incidencia de las enfermedades de su rebaño. La incidencia de una enfermedad mide la velocidad a la que se producen casos nuevos durante un periodo determinado en una población especificada, mientras que la prevalencia es la frecuencia de casos de enfermedad en una población y en un momento dados.

Realice una sumatoria de todos los casos individuales y por lotes por cada enfermedad y registre en el cuadro correspondiente.

Total Recuperados: Registre el número de animales recuperados durante el mes.

Inventario al Cierre Mensual: Escriba el total de animales de todas las categorías, presentes en el inventario al cierre de cada mes. Este dato permite obtener los datos de Prevalencia de cada enfermedad descrita o identificada dentro de su rebaño.

% de Morbilidad: se refiere al porcentaje de morbilidad que ha producido cada enfermedad descrita en su rebaño a lo largo del mes. Para ello debe determinar el porcentaje a través de una simple ecuación:
%Morbilidad = Nro. de Casos x 100 / Inventario al Cierre mensual

De esta manera Ud. podrá conocer la cantidad de animales que enferman en su rebaño en un período de tiempo determinado, en relación con el total de la población de animales de su finca. Ese es el concepto de Morbilidad.

% Mortalidad: se refiere al porcentaje de muertes producida por cada enfermedad. Para determinar este porcentaje realice la siguiente ecuación matemática:

% Mortalidad = Nro. de Muertes x 100 / Inventario al Cierre mensual

Total: En esta línea, totalice los datos de las columnas "Número de casos y Total de Recuperados". Este dato le permite conocer cuántos animales se enfermaron y cuantos animales se recuperaron.

Promedio % General: Esta línea le permite obtener los promedios porcentuales de Morbilidad y Mortalidad de las enfermedades ocurridas en su rebaño.

Para ello realice una sumatoria de todos los porcentajes de todas las enfermedades y luego lo divide entre el número de enfermedades ocurridas.

Promedio % General = Sumatoria del % de Morbilidad de cada Enfermedad / Nro. de Enfermedades

Resumen anual de enfermedades del rebaño
Resumen anual y estadística de enfermedades del rebaño

A través de esta planilla, Ud. podrá registrar el resumen anual de toda la información mensual para obtener la estadística de la incidencia de las enfermedades presentes en su rebaño.

Para ello es necesario el respaldo en la información registrada mes a mes. Utilice las planillas de resúmenes mensuales correspondientes a cada mes, para obtener la estadística anual.

MES	Nro de Casos	Total Recuperados	Inventario al cierre del Mes	Total Muertes	% Morbilidad	% Mortalidad
ENERO						
FEBRERO						
MARZO						
ABRIL						
MAYO						
JUNIO						
JULIO						
AGOSTO						
SEPTIEMBRE						
OCTUBRE						
NOVIEMBRE						
DICIEMBRE						
TOTALES						
PROMEDIOS						

Mes: en esta columna se muestran los doce meses del año.

Nro. de casos: Consulte los datos de los números de casos ocurridos durante cada mes, correspondiente a Todas las enfermedades presentadas.

Total Recuperados: Consulte los datos del número de animales recuperados cada mes.

Inventario al Cierre de cada Mes: transcriba desde sus planillas de resúmenes mensuales, el dato del inventario de animales al cierre de cada mes.

Total Muertes: registre el total de animales muerte en cada mes del año
% de Morbilidad: Realice una transcripción de los datos de % de Morbilidad obtenidos en cada mes.

% de Mortalidad: Realice una transcripción de los datos de % de Mortalidad obtenidos en cada mes.

Totales: Totalice realizando una sumatoria de los datos en cada columna. Aplica para las columnas: Número de Casos, Total Recuperados y Total Muertes.

Promedios: Realice una totalización de los datos de la columna y los divide entre los números de meses del año (12). Aplica para todas las columnas.
Promedios = Total de los datos de cada columna / 12.

Resumen anual y estadistica por descripcion de enfermedad del rebaño

Este cuadro le permite obtener los datos estadísticos específicos de cada enfermedad presente en su rebaño durante todo el año.

Enfermedad Diagnosticada o Causas	Nro de Casos	Total Recuperados	Promedio anual de Inventario	Total Muertes	% Morbilidad	% Mortalidad

Enfermedad Diagnosticada o Causa: describa la enfermedad ocurrida en su rebaño durante el año. Para ello consulte sus planillas de resúmenes mensuales de enfermedades de su rebaño mes a mes.

Nro. de Casos: se refiere a la cantidad o número de casos presentados de cada enfermedad. Para ello consulte las planillas de resúmenes mensuales.
Total recuperados: Realice una sumatoria de la cantidad o número de animales recuperados por la afectación de cada enfermedad.

Promedio Anual de Inventario al Cierre del Mes: Transcriba el promedio del cierre de inventario anual, obtenido en la planilla de "Resumen Anual y Estadística de Enfermedades del Rebaño", para cada enfermedad.

Total Muertes: Registre la transcripción del número de muertes producidas por cada enfermedad. Para ello consulte las planillas de Resumen Mensual de Enfermedades del Rebaño.
% Morbilidad: Para obtener este dato, realice una operación matemática.

% Morbilidad= Nro. de Casos Anual de cada Enfermedad x 100 / Promedio Inventario Anual

% Mortalidad: Para obtener este dato, realice una operación matemática.

% Mortalidad= Nro. de Muertes de cada Enfermedad x 100 / Promedio Inventario Anual.

PROGRAMA SANITARIO ANUAL DEL REBAÑO

Programa sanitario anual

△ intar sanidad animal

NOMBRE DE CONTROL SANITARIO	ENE	FEB	MAR	ABRIL	MAY	JUN	JUL	AGO	SEPT	OCT	NOV	DIC	OBSERVACIONES
Vacuna Fiebre Aftosa													
Vacuna Clostridiales													
Vacuna Comp Viral Resp.- Repro.													
Vacuna Brucelosis													
Vacuna Leptospirosis													
Vacuna Rabia Paralitica													
Prueba de Tuberculosis													
Prueba de Brucelosis													
Prueba de Mastitis													
Desparasitaciones Lactantes													
Desparasitaciones Destetes													
Desparasitaciones Levante o Engorde													
Desparasitaciones Hembras Adultas													
Desparasitaciones Reproductores													
Control Ectoparasitos													
Control de Hemoparasitos													

**CONTROL
SANITARIO**

Enero

Registro de Vacunas

ᐯɪnᴛᴀr sanidad animal

Fecha de Aplicación	ID Lote Animales	Nro Animales	Nombre Vacuna	Lote Vacuna	Tipo de Vacuna	Nombre Comercial	Dosis	Fecha de Vencimiento	Fecha Revacunacion

Control Parasitario

ᐯintar sanidad animal

Fecha de Aplicación	ID Lote Animales	Nro Animales	Tipo Control	Via de Administración	Principio Activo	Nombre Comercial	Laboratorio	Dosis mL	Fecha Repeticion

Pruebas Diagnosticas

ϑintar sanidad animal

Fecha	ID Lote Animales	Nombre de la Pruba	Nº Reacciones	Fecha Repeticion	Observaciones

Notas

Notas

intar sanidad animal

CONTROL DE ENFERMEDADES DEL REBAÑO

Enero

☉ **intar** sanidad animal

CONTROL
DE ENFERMEDADES
Y TRATAMIENTO
INDIVIDUAL

Enero

Registro de enfermedades individuales

Fecha	Id Animal	Sintomatologia	Descripcion del Examen	Resultado	Diagnostico

Registro de enfermedades individuales

Fecha	Id Animal	Sintomatologia	Descripcion del Examen	Resultado	Diagnostico

Registro de enfermedades individuales

Fecha	Id Animal	Sintomatologia	Descripcion del Examen	Resultado	Diagnostico

Registro de enfermedades individuales

Fecha	Id Animal	Sintomatologia	Descripcion del Examen	Resultado	Diagnostico

Notas

Notas

Registro de Tratamientos Individuales

∀intar sanidad animal

Fecha	ID Animal	Enfermedad	Principio Activo	Nombre Comercial	Dosis mL	Vía Administración	Frecuencia	Recuperado	Médico Veterinario
						Total			

Registro de Tratamientos Individuales

ꝟinꞃɑꞃ sanidad animal

Fecha	ID Animal	Enfermedad	Principio Activo	Nombre Comercial	Dosis mL	Vía Administración	Frecuencia	Recuperado	Médico Veterinario
							Total		

Registro de Tratamientos Individuales

vintar sanidad animal

Fecha	ID Animal	Enfermedad	Principio Activo	Nombre Comercial	Dosis mL	Vía Administración	Frecuencia	Recuperado	Médico Veterinario
						Total			

Registro de Tratamientos Individuales

𝛄inrar sanidad animal

Fecha	ID Animal	Enfermedad	Principio Activo	Nombre Comercial	Dosis mL	Vía Administración	Frecuencia	Recuperado	Médico Veterinario
					Total				

Notas

Notas

CONTROL DE ENFERMEDADES Y TRATAMIENTO POR LOTES

Enero

Registro de Enfermedades en Lotes

🐂 **intar** sanidad animal

Fecha	ID Lote	Ubicación	Número de animales	Sintomatología	Descripción del Examen	Resultados	Diagnóstico
		Total					

Registro de Enfermedades en Lotes

ᕕintar sanidad animal

Fecha	ID Lote	Ubicación	Número de animales	Sintomatología	Descripción del Examen	Resultados	Diagnóstico
			Total				

Registro de Enfermedades en Lotes

ᗩɪnтɑr sanidad animal

Fecha	ID Lote	Ubicación	Número de animales	Sintomatología	Descripción del Examen	Resultados	Diagnóstico
		Total					

Notas

Notas

Registro de Tratamientos en Lotes

ʋɪnʀaʀ sanidad animal

Fecha	ID Lote	Número de Animales	Enfermedad	Principio Activo	Nombre Comercial	Dosis mL	Vía Administracion	Frecuencia	Recuperados	Médico Veterinario
Totales										

Registro de Tratamientos en Lotes

ʋintar sanidad animal

Fecha	ID Lote	Número de Animales	Enfermedad	Principio Activo	Nombre Comercial	Dosis mL	Vía Administracion	Frecuencia	Recuperados	Médico Veterinario
Totales										

Registro de Tratamientos en Lotes

Vintar sanidad animal

Fecha	ID Lote	Número de Animales	Enfermedad	Principio Activo	Nombre Comercial	Dosis mL	Vía Administracion	Frecuencia	Recuperados	Médico Veterinario
Totales										

Registro de Tratamientos en Lotes

ᵥintar sanidad animal

Fecha	ID Lote	Número de Animales	Enfermedad	Principio Activo	Nombre Comercial	Dosis mL	Vía Administracion	Frecuencia	Recuperados	Médico Veterinario
Totales										

☗ **intar** administrativo carne

MUERTES

Enero

Registro de muertes

Fecha	Id Animal	Id Lote	N° Animales	Causa	Observaciones

Registro de muertes

Fecha	Id Animal	Id Lote	N° Animales	Causa	Observaciones

Registro de muertes

Fecha	Id Animal	Id Lote	N° Animales	Causa	Observaciones

Notas

Notas

RESUMEN MENSUAL DE ENFERMEDADES DEL REBAÑO

Enero

Resumen Mensual y Estadística de Enfermedades del Rebaño

ϑinrar sanidad animal

Enfermedad Diagnosticada o Causas	Nro de Casos	Total Recuperados	Total Muertes	Inventario al cierre Mensual	% Morbilidad	% Mortalidad
Total				Promedio % General		

Notas

Notas

**CONTROL
SANITARIO**

Febrero

Registro de Vacunas

ʋinrar sanidad animal

Fecha de Aplicación	ID Lote Animales	Nro Animales	Nombre Vacuna	Lote Vacuna	Tipo de Vacuna	Nombre Comercial	Dosis	Fecha de Vencimiento	Fecha Revacunacion

Control Parasitario

vintar sanidad animal

Fecha de Aplicación	ID Lote Animales	Nro Animales	Tipo Control	Vía de Administración	Principio Activo	Nombre Comercial	Laboratorio	Dosis mL	Fecha Repetición

Pruebas Diagnosticas

ϑintar sanidad animal

Fecha	ID Lote Animales	Nombre de la Pruba	N° Reacciones	Fecha Repeticion	Observaciones

Notas

Notas

intar sanidad animal

CONTROL DE ENFERMEDADES DEL REBAÑO

Febrero

ϋ intar sanidad animal

CONTROL DE ENFERMEDADES Y TRATAMIENTO INDIVIDUAL

Febrero

Registro de enfermedades individuales

Fecha	Id Animal	Sintomatologia	Descripcion del Examen	Resultado	Diagnostico

Registro de enfermedades individuales

Fecha	Id Animal	Sintomatologia	Descripcion del Examen	Resultado	Diagnostico

Registro de enfermedades individuales

Fecha	Id Animal	Sintomatologia	Descripcion del Examen	Resultado	Diagnostico

Registro de enfermedades individuales

Fecha	Id Animal	Sintomatologia	Descripcion del Examen	Resultado	Diagnostico

Notas

Notas

Registro de Tratamientos Individuales

sanidad animal

Fecha	ID Animal	Enfermedad	Principio Activo	Nombre Comercial	Dosis mL	Vía Administración	Frecuencia	Recuperado	Médico Veterinario
							Total		

Registro de Tratamientos Individuales

𝕧inrar sanidad animal

Fecha	ID Animal	Enfermedad	Principio Activo	Nombre Comercial	Dosis mL	Vía Administración	Frecuencia	Recuperado	Médico Veterinario
						Total			

Registro de Tratamientos Individuales

∀intar sanidad animal

Fecha	ID Animal	Enfermedad	Principio Activo	Nombre Comercial	Dosis mL	Vía Administración	Frecuencia	Recuperado	Médico Veterinario
						Total			

Registro de Tratamientos Individuales

∀inᴛɑɾ sanidad animal

Fecha	ID Animal	Enfermedad	Principio Activo	Nombre Comercial	Dosis mL	Vía Administración	Frecuencia	Recuperado	Médico Veterinario
						Total			

Notas

Notas

CONTROL DE ENFERMEDADES Y TRATAMIENTO POR LOTES

Febrero

Registro de Enfermedades en Lotes

ɣɪnʈɑɾ sanidad animal

Fecha	ID Lote	Ubicación	Número de animales	Sintomatología	Descripción del Examen	Resultados	Diagnóstico
		Total					

Registro de Enfermedades en Lotes

 sanidad animal

Fecha	ID Lote	Ubicación	Número de animales	Sintomatología	Descripción del Examen	Resultados	Diagnóstico
		Total					

Registro de Enfermedades en Lotes

intar sanidad animal

Fecha	ID Lote	Ubicación	Número de animales	Sintomatología	Descripción del Examen	Resultados	Diagnóstico
		Total					

Notas

Notas

Registro de Tratamientos en Lotes

∀intar sanidad animal

Fecha	ID Lote	Número de Animales	Enfermedad	Principio Activo	Nombre Comercial	Dosis mL	Vía Administracion	Frecuencia	Recuperados	Médico Veterinario
Totales										

Registro de Tratamientos en Lotes

♉ intar sanidad animal

Fecha	ID Lote	Número de Animales	Enfermedad	Principio Activo	Nombre Comercial	Dosis mL	Via Administracion	Frecuencia	Recuperados	Médico Veterinario
Totales										

Registro de Tratamientos en Lotes

ʋintar sanidad animal

Fecha	ID Lote	Número de Animales	Enfermedad	Principio Activo	Nombre Comercial	Dosis mL	Via Administracion	Frecuencia	Recuperados	Médico Veterinario
Totales										

Registro de Tratamientos en Lotes

sanidad animal

Fecha	ID Lote	Número de Animales	Enfermedad	Principio Activo	Nombre Comercial	Dosis mL	Via Administracion	Frecuencia	Recuperados	Médico Veterinario
Totales										

♉ **intar** administrativo carne

MUERTES

Febrero

Registro de muertes

Fecha	Id Animal	Id Lote	N° Animales	Causa	Observaciones

Registro de muertes

Fecha	Id Animal	Id Lote	N° Animales	Causa	Observaciones

Registro de muertes

Fecha	Id Animal	Id Lote	N° Animales	Causa	Observaciones

Notas

Notas

RESUMEN MENSUAL DE ENFERMEDADES DEL REBAÑO

Febrero

Resumen Mensual y Estadística de Enfermedades del Rebaño

vimar sanidad animal

Enfermedad Diagnosticada o Causas	Nro de Casos	Total Recuperados	Total Muertes	Inventario al cierre Mensual	% Morbilidad	% Mortalidad
Total				Promedio % General		

Notas

Notas

**CONTROL
SANITARIO**

Marzo

Registro de Vacunas

ʊ intar sanidad animal

Fecha de Aplicación	ID Lote Animales	Nro Animales	Nombre Vacuna	Lote Vacuna	Tipo de Vacuna	Nombre Comercial	Dosis	Fecha de Vencimiento	Fecha Revacunacion

Control Parasitario

☥ intar sanidad animal

Fecha de Aplicación	ID Lote Animales	Nro Animales	Tipo Control	Via de Administración	Principio Activo	Nombre Comercial	Laboratorio	Dosis mL	Fecha Repeticion

Pruebas Diagnosticas

ÿintar sanidad animal

Fecha	ID Lote Animales	Nombre de la Pruba	N° Reacciones	Fecha Repeticion	Observaciones

Notas

Notas

ᴠintar sanidad animal

CONTROL DE ENFERMEDADES DEL REBAÑO

Marzo

☤ intar sanidad animal

CONTROL
DE ENFERMEDADES
Y TRATAMIENTO
INDIVIDUAL

Marzo

Registro de enfermedades individuales

Fecha	Id Animal	Sintomatologia	Descripcion del Examen	Resultado	Diagnostico

Registro de enfermedades individuales

Fecha	Id Animal	Sintomatologia	Descripcion del Examen	Resultado	Diagnostico

//intar sanidad animal

Registro de enfermedades individuales

Fecha	Id Animal	Sintomatologia	Descripcion del Examen	Resultado	Diagnostico

Registro de enfermedades individuales

Fecha	Id Animal	Sintomatologia	Descripcion del Examen	Resultado	Diagnostico

Notas

Notas

Registro de Tratamientos Individuales

ᗡinrar sanidad animal

Fecha	ID Animal	Enfermedad	Principio Activo	Nombre Comercial	Dosis mL	Vía Administración	Frecuencia	Recuperado	Médico Veterinario
					Total				

Registro de Tratamientos Individuales

ᐯinTar sanidad animal

Fecha	ID Animal	Enfermedad	Principio Activo	Nombre Comercial	Dosis mL	Vía Administración	Frecuencia	Recuperado	Médico Veterinario
						Total			

Registro de Tratamientos Individuales

🐄 intar sanidad animal

Fecha	ID Animal	Enfermedad	Principio Activo	Nombre Comercial	Dosis mL	Vía Administración	Frecuencia	Recuperado	Médico Veterinario
						Total			

Registro de Tratamientos Individuales

ϑintar sanidad animal

Fecha	ID Animal	Enfermedad	Principio Activo	Nombre Comercial	Dosis mL	Vía Administración	Frecuencia	Recuperado	Médico Veterinario
						Total			

Notas

Notas

**CONTROL
DE ENFERMEDADES
Y TRATAMIENTO
POR LOTES**

Marzo

Registro de Enfermedades en Lotes

ϑintar sanidad animal

Fecha	ID Lote	Ubicación	Número de animales	Sintomatologia	Descripción del Examen	Resultados	Diagnóstico
		Total					

Registro de Enfermedades en Lotes

ᔙɪnᴛar sanidad animal

Fecha	ID Lote	Ubicación	Número de animales	Sintomatología	Descripción del Examen	Resultados	Diagnóstico
		Total					

Registro de Enfermedades en Lotes

Fecha	ID Lote	Ubicación	Número de animales	Sintomatología	Descripción del Examen	Resultados	Diagnóstico
		Total					

Notas

Notas

Registro de Tratamientos en Lotes

✧ınrar sanidad animal

Fecha	ID Lote	Número de Animales	Enfermedad	Principio Activo	Nombre Comercial	Dosis mL	Vía Administracion	Frecuencia	Recuperados	Médico Veterinario
Totales										

Registro de Tratamientos en Lotes

vintar sanidad animal

Fecha	ID Lote	Número de Animales	Enfermedad	Principio Activo	Nombre Comercial	Dosis mL	Via Administracion	Frecuencia	Recuperados	Médico Veterinario
Totales										

Registro de Tratamientos en Lotes

ṽinṛar sanidad animal

Fecha	ID Lote	Número de Animales	Enfermedad	Principio Activo	Nombre Comercial	Dosis mL	Via Administracion	Frecuencia	Recuperados	Médico Veterinario
Totales										

Registro de Tratamientos en Lotes

vintar sanidad animal

Fecha	ID Lote	Número de Animales	Enfermedad	Principio Activo	Nombre Comercial	Dosis mL	Via Administracion	Frecuencia	Recuperados	Médico Veterinario
			Totales							

ᛌ **intar** administrativo carne

MUERTES

Marzo

Registro de muertes

Fecha	Id Animal	Id Lote	N° Animales	Causa	Observaciones

Registro de muertes

Fecha	Id Animal	Id Lote	N° Animales	Causa	Observaciones

Registro de muertes

Fecha	Id Animal	Id Lote	N° Animales	Causa	Observaciones

intar sanidad animal

Notas

Notas

RESUMEN MENSUAL DE ENFERMEDADES DEL REBAÑO

Marzo

Resumen Mensual y Estadística de Enfermedades del Rebaño

vimar sanidad animal

Enfermedad Diagnosticada o Causas	Nro de Casos	Total Recuperados	Total Muertes	Inventario al cierre Mensual	% Morbilidad	% Mortalidad
Total				Promedio % General		

Notas

Notas

CONTROL SANITARIO

Abril

Registro de Vacunas

ᵹintar sanidad animal

Fecha de Aplicación	ID Lote Animales	Nro Animales	Nombre Vacuna	Lote Vacuna	Tipo de Vacuna	Nombre Comercial	Dosis	Fecha de Vencimiento	Fecha Revacunacion

Control Parasitario

✿ inrar sanidad animal

Fecha de Aplicación	ID Lote Animales	Nro Animales	Tipo Control	Vía de Administración	Principio Activo	Nombre Comercial	Laboratorio	Dosis mL	Fecha Repeticion

Pruebas Diagnosticas

ỿintar sanidad animal

Fecha	ID Lote Animales	Nombre de la Pruba	Nº Reacciones	Fecha Repeticion	Observaciones

Notas

Notas

intar sanidad animal

**CONTROL
DE ENFERMEDADES
DEL REBAÑO**

Abril

intar sanidad animal

CONTROL
DE ENFERMEDADES
Y TRATAMIENTO
INDIVIDUAL

Abril

Registro de enfermedades individuales

Fecha	Id Animal	Sintomatologia	Descripcion del Examen	Resultado	Diagnostico

Registro de enfermedades individuales

Fecha	Id Animal	Sintomatologia	Descripcion del Examen	Resultado	Diagnostico

Registro de enfermedades individuales

Fecha	Id Animal	Sintomatologia	Descripcion del Examen	Resultado	Diagnostico

Registro de enfermedades individuales

Fecha	Id Animal	Sintomatologia	Descripcion del Examen	Resultado	Diagnostico

Notas

Notas

Registro de Tratamientos Individuales

sanidad animal

Fecha	ID Animal	Enfermedad	Principio Activo	Nombre Comercial	Dosis mL	Vía Administración	Frecuencia	Recuperado	Médico Veterinario
						Total			

Registro de Tratamientos Individuales

ɐ ınrɑr sanidad animal

Fecha	ID Animal	Enfermedad	Principio Activo	Nombre Comercial	Dosis mL	Vía Administración	Frecuencia	Recuperado	Médico Veterinario
						Total			

Registro de Tratamientos Individuales

vintar sanidad animal

Fecha	ID Animal	Enfermedad	Principio Activo	Nombre Comercial	Dosis mL	Vía Administración	Frecuencia	Recuperado	Médico Veterinario
						Total			

Registro de Tratamientos Individuales

ʋinʈɑɾ sanidad animal

Fecha	ID Animal	Enfermedad	Principio Activo	Nombre Comercial	Dosis mL	Vía Administración	Frecuencia	Recuperado	Médico Veterinario
							Total		

Notas

Notas

CONTROL DE ENFERMEDADES Y TRATAMIENTO POR LOTES

Abril

Registro de Enfermedades en Lotes

∀intar sanidad animal

Fecha	ID Lote	Ubicación	Número de animales	Sintomatología	Descripción del Examen	Resultados	Diagnóstico
			Total				

Registro de Enfermedades en Lotes

ϑinrar sanidad animal

Fecha	ID Lote	Ubicación	Número de animales	Sintomatología	Descripción del Examen	Resultados	Diagnóstico
		Total					

Registro de Enfermedades en Lotes

sanidad animal

Fecha	ID Lote	Ubicación	Número de animales	Sintomatología	Descripción del Examen	Resultados	Diagnóstico
		Total					

Notas

Notas

Registro de Tratamientos en Lotes

ᵥintar sanidad animal

Fecha	ID Lote	Número de Animales	Enfermedad	Principio Activo	Nombre Comercial	Dosis mL	Via Administracion	Frecuencia	Recuperados	Médico Veterinario
Totales										

Registro de Tratamientos en Lotes

 ᐯɪnᴛɑr sanidad animal

Fecha	ID Lote	Número de Animales	Enfermedad	Principio Activo	Nombre Comercial	Dosis mL	Via Administracion	Frecuencia	Recuperados	Médico Veterinario
	Totales									

Registro de Tratamientos en Lotes

Vintar sanidad animal

Fecha	ID Lote	Número de Animales	Enfermedad	Principio Activo	Nombre Comercial	Dosis mL	Via Administracion	Frecuencia	Recuperados	Médico Veterinario
Totales										

Registro de Tratamientos en Lotes

intaɾ sanidad animal

Fecha	ID Lote	Número de Animales	Enfermedad	Principio Activo	Nombre Comercial	Dosis mL	Via Administracion	Frecuencia	Recuperados	Médico Veterinario
	Totales									

ひintar administrativo carne

MUERTES

Abril

Registro de muertes

Fecha	Id Animal	Id Lote	N° Animales	Causa	Observaciones

Registro de muertes

Fecha	Id Animal	Id Lote	N° Animales	Causa	Observaciones

Registro de muertes

Fecha	Id Animal	Id Lote	N° Animales	Causa	Observaciones

Notas

Notas

RESUMEN MENSUAL DE ENFERMEDADES DEL REBAÑO

Abril

Resumen Mensual y Estadística de Enfermedades del Rebaño

ʋinʇɑr sanidad animal

Enfermedad Diagnosticada o Causas	Nro de Casos	Total Recuperados	Total Muertes	Inventario al cierre Mensual	% Morbilidad	% Mortalidad
Total				Promedio % General		

Notas

Notas

CONTROL SANITARIO

Mayo

Registro de Vacunas

intar sanidad animal

Fecha de Aplicación	ID Lote Animales	Nro Animales	Nombre Vacuna	Lote Vacuna	Tipo de Vacuna	Nombre Comercial	Dosis	Fecha de Vencimiento	Fecha Revacunacion

Control Parasitario

✦ intar sanidad animal

Fecha de Aplicación	ID Lote Animales	Nro Animales	Tipo Control	Via de Administración	Principio Activo	Nombre Comercial	Laboratorio	Dosis mL	Fecha Repeticion

Pruebas Diagnosticas

✝intar sanidad animal

Fecha	ID Lote Animales	Nombre de la Pruba	Nº Reacciones	Fecha Repeticion	Observaciones

Notas

Notas

intar sanidad animal

CONTROL DE ENFERMEDADES DEL REBAÑO

Mayo

intar sanidad animal

CONTROL
DE ENFERMEDADES
Y TRATAMIENTO
INDIVIDUAL

Mayo

Registro de enfermedades individuales

Fecha	Id Animal	Sintomatologia	Descripcion del Examen	Resultado	Diagnostico

Registro de enfermedades individuales

Fecha	Id Animal	Sintomatologia	Descripcion del Examen	Resultado	Diagnostico

Registro de enfermedades individuales

Fecha	Id Animal	Sintomatologia	Descripcion del Examen	Resultado	Diagnostico

Registro de enfermedades individuales

Fecha	Id Animal	Sintomatologia	Descripcion del Examen	Resultado	Diagnostico

Notas

Notas

Registro de Tratamientos Individuales

sanidad animal

Fecha	ID Animal	Enfermedad	Principio Activo	Nombre Comercial	Dosis mL	Vía Administración	Frecuencia	Recuperado	Médico Veterinario
							Total		

Registro de Tratamientos Individuales

ʋintar sanidad animal

Fecha	ID Animal	Enfermedad	Principio Activo	Nombre Comercial	Dosis mL	Vía Administración	Frecuencia	Recuperado	Médico Veterinario
						Total			

Registro de Tratamientos Individuales

intar sanidad animal

Fecha	ID Animal	Enfermedad	Principio Activo	Nombre Comercial	Dosis mL	Vía Administración	Frecuencia	Recuperado	Médico Veterinario
							Total		

Registro de Tratamientos Individuales

∀intar sanidad animal

Fecha	ID Animal	Enfermedad	Principio Activo	Nombre Comercial	Dosis mL	Vía Administración	Frecuencia	Recuperado	Médico Veterinario
						Total			

Notas

Notas

CONTROL
DE ENFERMEDADES
Y TRATAMIENTO
POR LOTES

Mayo

Registro de Enfermedades en Lotes

Fecha	ID Lote	Ubicación	Número de animales	Sintomatología	Descripción del Examen	Resultados	Diagnóstico
		Total					

Registro de Enfermedades en Lotes

Fecha	ID Lote	Ubicación	Número de animales	Sintomatología	Descripción del Examen	Resultados	Diagnóstico
		Total					

sanidad animal

Registro de Enfermedades en Lotes

sanidad animal

Fecha	ID Lote	Ubicación	Número de animales	Sintomatología	Descripción del Examen	Resultados	Diagnóstico
		Total					

Notas

Notas

Registro de Tratamientos en Lotes

∀INTAr sanidad animal

Fecha	ID Lote	Número de Animales	Enfermedad	Principio Activo	Nombre Comercial	Dosis mL	Vía Administracion	Frecuencia	Recuperados	Médico Veterinario
	Totales									

Registro de Tratamientos en Lotes

ᐯintar sanidad animal

Fecha	ID Lote	Número de Animales	Enfermedad	Principio Activo	Nombre Comercial	Dosis mL	Vía Administracion	Frecuencia	Recuperados	Médico Veterinario
Totales										

Registro de Tratamientos en Lotes

ᐯɪnɾɑɾ sanidad animal

Fecha	ID Lote	Número de Animales	Enfermedad	Principio Activo	Nombre Comercial	Dosis mL	Vía Administracion	Frecuencia	Recuperados	Médico Veterinario
Totales										

Registro de Tratamientos en Lotes

ϑintar sanidad animal

Fecha	ID Lote	Número de Animales	Enfermedad	Principio Activo	Nombre Comercial	Dosis mL	Vía Administracion	Frecuencia	Recuperados	Médico Veterinario
Totales										

☗ intar administrativo carne

MUERTES

Mayo

Registro de muertes

Fecha	Id Animal	Id Lote	N° Animales	Causa	Observaciones

Registro de muertes

Fecha	Id Animal	Id Lote	N° Animales	Causa	Observaciones

Registro de muertes

Fecha	Id Animal	Id Lote	N° Animales	Causa	Observaciones

Notas

Notas

RESUMEN MENSUAL DE ENFERMEDADES DEL REBAÑO

Mayo

Resumen Mensual y Estadística de Enfermedades del Rebaño — Vintar sanidad animal

Enfermedad Diagnosticada o Causas	Nro de Casos	Total Recuperados	Total Muertes	Inventario al cierre Mensual	% Morbilidad	% Mortalidad
Total				Promedio % General		

Notas

Notas

**CONTROL
SANITARIO**

Junio

Registro de Vacunas

sanidad animal

Fecha de Aplicación	ID Lote Animales	Nro Animales	Nombre Vacuna	Lote Vacuna	Tipo de Vacuna	Nombre Comercial	Dosis	Fecha de Vencimiento	Fecha Revacunación

Control Parasitario

Fecha de Aplicación	ID Lote Animales	Nro Animales	Tipo Control	Vía de Administración	Principio Activo	Nombre Comercial	Laboratorio	Dosis mL	Fecha Repetición

intar sanidad animal

Pruebas Diagnosticas

ƔIᴎTᴀr sanidad animal

Fecha	ID Lote Animales	Nombre de la Pruba	Nº Reacciones	Fecha Repeticion	Observaciones

Notas

Notas

⛉ **intar** sanidad animal

**CONTROL
DE ENFERMEDADES
DEL REBAÑO**

Junio

intar sanidad animal

CONTROL DE ENFERMEDADES Y TRATAMIENTO INDIVIDUAL

Junio

Registro de enfermedades individuales

Fecha	Id Animal	Sintomatologia	Descripcion del Examen	Resultado	Diagnostico

Registro de enfermedades individuales

Fecha	Id Animal	Sintomatologia	Descripcion del Examen	Resultado	Diagnostico

Registro de enfermedades individuales

Fecha	Id Animal	Sintomatologia	Descripcion del Examen	Resultado	Diagnostico

Registro de enfermedades individuales

Fecha	Id Animal	Sintomatologia	Descripcion del Examen	Resultado	Diagnostico

Notas

Notas

Registro de Tratamientos Individuales

✿ınrar sanidad animal

Fecha	ID Animal	Enfermedad	Principio Activo	Nombre Comercial	Dosis mL	Vía Administración	Frecuencia	Recuperado	Médico Veterinario
							Total		

Registro de Tratamientos Individuales

∀inrar sanidad animal

Fecha	ID Animal	Enfermedad	Principio Activo	Nombre Comercial	Dosis mL	Vía Administración	Frecuencia	Recuperado	Médico Veterinario
								Total	

Registro de Tratamientos Individuales

ʋintar sanidad animal

Fecha	ID Animal	Enfermedad	Principio Activo	Nombre Comercial	Dosis mL	Vía Administración	Frecuencia	Recuperado	Médico Veterinario
						Total			

Registro de Tratamientos Individuales

ʋintar sanidad animal

Fecha	ID Animal	Enfermedad	Principio Activo	Nombre Comercial	Dosis mL	Vía Administración	Frecuencia	Recuperado	Médico Veterinario
							Total		

Notas

Notas

**CONTROL
DE ENFERMEDADES
Y TRATAMIENTO
POR LOTES**

Junio

Registro de Enfermedades en Lotes

⩔ intar sanidad animal

Fecha	ID Lote	Ubicación	Número de animales	Sintomatología	Descripción del Examen	Resultados	Diagnóstico
		Total					

Registro de Enfermedades en Lotes

ʋinʇɑr sanidad animal

Fecha	ID Lote	Ubicación	Número de animales	Sintomatologia	Descripción del Examen	Resultados	Diagnóstico
		Total					

Registro de Enfermedades en Lotes

ϑɪnɾɑɾ sanidad animal

Fecha	ID Lote	Ubicación	Número de animales	Sintomatología	Descripción del Examen	Resultados	Diagnóstico
		Total					

Notas

Notas

Registro de Tratamientos en Lotes

∀ıntar sanidad animal

Fecha	ID Lote	Número de Animales	Enfermedad	Principio Activo	Nombre Comercial	Dosis mL	Vía Administracion	Frecuencia	Recuperados	Médico Veterinario
Totales										

Registro de Tratamientos en Lotes

ʋɪnᴛɑr sanidad animal

Fecha	ID Lote	Número de Animales	Enfermedad	Principio Activo	Nombre Comercial	Dosis mL	Via Administracion	Frecuencia	Recuperados	Médico Veterinario
	Totales									

Registro de Tratamientos en Lotes

ᐯintar sanidad animal

Fecha	ID Lote	Número de Animales	Enfermedad	Principio Activo	Nombre Comercial	Dosis mL	Vía Administracion	Frecuencia	Recuperados	Médico Veterinario
Totales										

Registro de Tratamientos en Lotes

intar sanidad animal

Fecha	ID Lote	Número de Animales	Enfermedad	Principio Activo	Nombre Comercial	Dosis mL	Via Administracion	Frecuencia	Recuperados	Médico Veterinario
Totales										

☿ intar administrativo carne

MUERTES

Junio

Registro de muertes

Fecha	Id Animal	Id Lote	N° Animales	Causa	Observaciones

Registro de muertes

Fecha	Id Animal	Id Lote	N° Animales	Causa	Observaciones

Registro de muertes

Fecha	Id Animal	Id Lote	N° Animales	Causa	Observaciones

Notas

Notas

RESUMEN MENSUAL DE ENFERMEDADES DEL REBAÑO

Junio

Resumen Mensual y Estadística de Enfermedades del Rebaño — Vintar sanidad animal

Enfermedad Diagnosticada o Causas	Nro de Casos	Total Recuperados	Total Muertes	Inventario al cierre Mensual	% Morbilidad	% Mortalidad
Total				Promedio % General		

Notas

Notas

CONTROL SANITARIO

Julio

Registro de Vacunas

ϒınrar sanidad animal

Fecha de Aplicación	ID Lote Animales	Nro Animales	Nombre Vacuna	Lote Vacuna	Tipo de Vacuna	Nombre Comercial	Dosis	Fecha de Vencimiento	Fecha Revacunación

Control Parasitario

Fecha de Aplicación	ID Lote Animales	Nro Animales	Tipo Control	Via de Administración	Principio Activo	Nombre Comercial	Laboratorio	Dosis mL	Fecha Repeticion

intar sanidad animal

Pruebas Diagnosticas

ᗅintar sanidad animal

Fecha	ID Lote Animales	Nombre de la Pruba	N° Reacciones	Fecha Repeticion	Observaciones

Notas

Notas

intar sanidad animal

**CONTROL
DE ENFERMEDADES
DEL REBAÑO**

Julio

CONTROL DE ENFERMEDADES Y TRATAMIENTO INDIVIDUAL

Julio

Registro de enfermedades individuales

Fecha	Id Animal	Sintomatologia	Descripcion del Examen	Resultado	Diagnostico

Registro de enfermedades individuales

Fecha	Id Animal	Sintomatologia	Descripcion del Examen	Resultado	Diagnostico

Registro de enfermedades individuales

Fecha	Id Animal	Sintomatologia	Descripcion del Examen	Resultado	Diagnostico

Registro de enfermedades individuales

Fecha	Id Animal	Sintomatologia	Descripcion del Examen	Resultado	Diagnostico

Notas

Notas

Registro de Tratamientos Individuales

Fecha	ID Animal	Enfermedad	Principio Activo	Nombre Comercial	Dosis mL	Vía Administración	Frecuencia	Recuperado	Médico Veterinario
						Total			

intar sanidad animal

Registro de Tratamientos Individuales

ϑintar sanidad animal

Fecha	ID Animal	Enfermedad	Principio Activo	Nombre Comercial	Dosis mL	Vía Administración	Frecuencia	Recuperado	Médico Veterinario
						Total			

Registro de Tratamientos Individuales

ϑintar sanidad animal

Fecha	ID Animal	Enfermedad	Principio Activo	Nombre Comercial	Dosis mL	Vía Administración	Frecuencia	Recuperado	Médico Veterinario
							Total		

Registro de Tratamientos Individuales

ᒋɪחɒɿ sanidad animal

Fecha	ID Animal	Enfermedad	Principio Activo	Nombre Comercial	Dosis mL	Via Administración	Frecuencia	Recuperado	Médico Veterinario
						Total			

Notas

Notas

CONTROL DE ENFERMEDADES Y TRATAMIENTO POR LOTES

Julio

Registro de Enfermedades en Lotes

Vintar sanidad animal

Fecha	ID Lote	Ubicación	Número de animales	Sintomatología	Descripción del Examen	Resultados	Diagnóstico
		Total					

Registro de Enfermedades en Lotes

ᐁinTar sanidad animal

Fecha	ID Lote	Ubicación	Número de animales	Sintomatología	Descripción del Examen	Resultados	Diagnóstico
		Total					

Registro de Enfermedades en Lotes

ϑınтɑr sanidad animal

Fecha	ID Lote	Ubicación	Número de animales	Sintomatología	Descripción del Examen	Resultados	Diagnóstico
			Total				

Notas

Notas

Registro de Tratamientos en Lotes

ỽintar sanidad animal

Fecha	ID Lote	Número de Animales	Enfermedad	Principio Activo	Nombre Comercial	Dosis mL	Via Administracion	Frecuencia	Recuperados	Médico Veterinario
Totales										

Registro de Tratamientos en Lotes

ᔕintar sanidad animal

Fecha	ID Lote	Número de Animales	Enfermedad	Principio Activo	Nombre Comercial	Dosis mL	Vía Administracion	Frecuencia	Recuperados	Médico Veterinario
Totales										

Registro de Tratamientos en Lotes

✽ıntar sanidad animal

Fecha	ID Lote	Número de Animales	Enfermedad	Principio Activo	Nombre Comercial	Dosis mL	Via Administracion	Frecuencia	Recuperados	Médico Veterinario
Totales										

Registro de Tratamientos en Lotes

∀INTA sanidad animal

Fecha	ID Lote	Número de Animales	Enfermedad	Principio Activo	Nombre Comercial	Dosis mL	Via Administracion	Frecuencia	Recuperados	Médico Veterinario
Totales										

intar administrativo carne

MUERTES

Julio

intar sanidad animal

Registro de muertes

Fecha	Id Animal	Id Lote	N° Animales	Causa	Observaciones

Registro de muertes

Fecha	Id Animal	Id Lote	N° Animales	Causa	Observaciones

Registro de muertes

Fecha	Id Animal	Id Lote	N° Animales	Causa	Observaciones

Notas

Notas

RESUMEN MENSUAL DE ENFERMEDADES DEL REBAÑO

Julio

Resumen Mensual y Estadística de Enfermedades del Rebaño

vintar sanidad animal

Enfermedad Diagnosticada o Causas	Nro de Casos	Total Recuperados	Total Muertes	Inventario al cierre Mensual	% Morbilidad	% Mortalidad
Total				Promedio % General		

Notas

Notas

CONTROL SANITARIO

Agosto

Registro de Vacunas

🐄 inrar sanidad animal

Fecha de Aplicación	ID Lote Animales	Nro Animales	Nombre Vacuna	Lote Vacuna	Tipo de Vacuna	Nombre Comercial	Dosis	Fecha de Vencimiento	Fecha Revacunacion

Control Parasitario

Fecha de Aplicación	ID Lote Animales	Nro Animales	Tipo Control	Via de Administración	Principio Activo	Nombre Comercial	Laboratorio	Dosis mL	Fecha Repeticion

intar sanidad animal

Pruebas Diagnosticas

Fecha	ID Lote Animales	Nombre de la Pruba	N° Reacciones	Fecha Repeticion	Observaciones

Vintar sanidad animal

Notas

Notas

intar sanidad animal

CONTROL DE ENFERMEDADES DEL REBAÑO

Agosto

☼ **inTar** sanidad animal

CONTROL
DE ENFERMEDADES
Y TRATAMIENTO
INDIVIDUAL

Agosto

Registro de enfermedades individuales

Fecha	Id Animal	Sintomatologia	Descripcion del Examen	Resultado	Diagnostico

Registro de enfermedades individuales

Fecha	Id Animal	Sintomatologia	Descripcion del Examen	Resultado	Diagnostico

Registro de enfermedades individuales

Fecha	Id Animal	Sintomatologia	Descripcion del Examen	Resultado	Diagnostico

Registro de enfermedades individuales

Fecha	Id Animal	Sintomatologia	Descripcion del Examen	Resultado	Diagnostico

Notas

Notas

Registro de Tratamientos Individuales

Vintar sanidad animal

Fecha	ID Animal	Enfermedad	Principio Activo	Nombre Comercial	Dosis mL	Via Administración	Frecuencia	Recuperado	Médico Veterinario
							Total		

Registro de Tratamientos Individuales

ỽinrar sanidad animal

Fecha	ID Animal	Enfermedad	Principio Activo	Nombre Comercial	Dosis mL	Vía Administración	Frecuencia	Recuperado	Médico Veterinario
					Total				

Registro de Tratamientos Individuales

🌱 intar sanidad animal

Fecha	ID Animal	Enfermedad	Principio Activo	Nombre Comercial	Dosis mL	Vía Administración	Frecuencia	Recuperado	Médico Veterinario
						Total			

Registro de Tratamientos Individuales

ฃเกτฮг sanidad animal

Fecha	ID Animal	Enfermedad	Principio Activo	Nombre Comercial	Dosis mL	Vía Administración	Frecuencia	Recuperado	Médico Veterinario
						Total			

Notas

Notas

CONTROL DE ENFERMEDADES Y TRATAMIENTO POR LOTES

Agosto

Registro de Enfermedades en Lotes

Vintar sanidad animal

Fecha	ID Lote	Ubicación	Número de animales	Sintomatologia	Descripción del Examen	Resultados	Diagnóstico
			Total				

Registro de Enfermedades en Lotes

ᐯintar sanidad animal

Fecha	ID Lote	Ubicación	Número de animales	Sintomatología	Descripción del Examen	Resultados	Diagnóstico
Total							

Registro de Enfermedades en Lotes

ʋintar sanidad animal

Fecha	ID Lote	Ubicación	Número de animales	Sintomatología	Descripción del Examen	Resultados	Diagnóstico
		Total					

Notas

Notas

Registro de Tratamientos en Lotes

sanidad animal

Fecha	ID Lote	Número de Animales	Enfermedad	Principio Activo	Nombre Comercial	Dosis mL	Vía Administracion	Frecuencia	Recuperados	Médico Veterinario
Totales										

Registro de Tratamientos en Lotes

ᐯintar sanidad animal

Fecha	ID Lote	Número de Animales	Enfermedad	Principio Activo	Nombre Comercial	Dosis mL	Via Administracion	Frecuencia	Recuperados	Médico Veterinario
Totales										

Registro de Tratamientos en Lotes

INTA sanidad animal

Fecha	ID Lote	Número de Animales	Enfermedad	Principio Activo	Nombre Comercial	Dosis mL	Via Administracion	Frecuencia	Recuperados	Médico Veterinario
Totales										

Registro de Tratamientos en Lotes

intar sanidad animal

Fecha	ID Lote	Número de Animales	Enfermedad	Principio Activo	Nombre Comercial	Dosis mL	Vía Administracion	Frecuencia	Recuperados	Médico Veterinario
Totales										

intar administrativo carne

MUERTES

Agosto

Registro de muertes

Fecha	Id Animal	Id Lote	N° Animales	Causa	Observaciones

Registro de muertes

Fecha	Id Animal	Id Lote	N° Animales	Causa	Observaciones

Registro de muertes

Fecha	Id Animal	Id Lote	N° Animales	Causa	Observaciones

Notas

Notas

RESUMEN MENSUAL DE ENFERMEDADES DEL REBAÑO

Agosto

Resumen Mensual y Estadística de Enfermedades del Rebaño

Vintar sanidad animal

Enfermedad Diagnosticada o Causas	Nro de Casos	Total Recuperados	Total Muertes	Inventario al cierre Mensual	% Morbilidad	% Mortalidad
Total				Promedio % General		

Notas

intar sanidad animal

Notas

CONTROL SANITARIO

Septiembre

Registro de Vacunas

ᵥintar sanidad animal

Fecha de Aplicación	ID Lote Animales	Nro Animales	Nombre Vacuna	Lote Vacuna	Tipo de Vacuna	Nombre Comercial	Dosis	Fecha de Vencimiento	Fecha Revacunación

Control Parasitario

ᐯinTar sanidad animal

Fecha de Aplicación	ID Lote Animales	Nro Animales	Tipo Control	Vía de Administración	Principio Activo	Nombre Comercial	Laboratorio	Dosis mL	Fecha Repetición

Pruebas Diagnosticas

ʋintar sanidad animal

Fecha	ID Lote Animales	Nombre de la Pruba	N° Reacciones	Fecha Repeticion	Observaciones

Notas

Notas

intar sanidad animal

CONTROL DE ENFERMEDADES DEL REBAÑO

Septiembre

intar sanidad animal

**CONTROL
DE ENFERMEDADES
Y TRATAMIENTO
INDIVIDUAL**

Septiembre

Registro de enfermedades individuales

Fecha	Id Animal	Sintomatologia	Descripcion del Examen	Resultado	Diagnostico

Registro de enfermedades individuales

Fecha	Id Animal	Sintomatologia	Descripcion del Examen	Resultado	Diagnostico

Registro de enfermedades individuales

Fecha	Id Animal	Sintomatologia	Descripcion del Examen	Resultado	Diagnostico

Registro de enfermedades individuales

Fecha	Id Animal	Sintomatologia	Descripcion del Examen	Resultado	Diagnostico

Notas

Notas

Registro de Tratamientos Individuales

ᐁintar sanidad animal

Fecha	ID Animal	Enfermedad	Principio Activo	Nombre Comercial	Dosis mL	Via Administración	Frecuencia	Recuperado	Médico Veterinario
						Total			

Registro de Tratamientos Individuales

vintar sanidad animal

Fecha	ID Animal	Enfermedad	Principio Activo	Nombre Comercial	Dosis mL	Vía Administración	Frecuencia	Recuperado	Médico Veterinario
							Total		

Registro de Tratamientos Individuales

Fecha	ID Animal	Enfermedad	Principio Activo	Nombre Comercial	Dosis mL	Vía Administración	Frecuencia	Recuperado	Médico Veterinario
						Total			

Vintar sanidad animal

Registro de Tratamientos Individuales

∀intar sanidad animal

Fecha	ID Animal	Enfermedad	Principio Activo	Nombre Comercial	Dosis mL	Via Administración	Frecuencia	Recuperado	Médico Veterinario
						Total		

Notas

Notas

CONTROL
DE ENFERMEDADES
Y TRATAMIENTO
POR LOTES

Septiembre

Registro de Enfermedades en Lotes

∀intar sanidad animal

Fecha	ID Lote	Ubicación	Número de animales	Sintomatologia	Descripción del Examen	Resultados	Diagnóstico
Total							

Registro de Enfermedades en Lotes

ϑinrar sanidad animal

Fecha	ID Lote	Ubicación	Número de animales	Sintomatología	Descripción del Examen	Resultados	Diagnóstico
		Total					

Registro de Enfermedades en Lotes

intar sanidad animal

Fecha	ID Lote	Ubicación	Número de animales	Sintomatologia	Descripción del Examen	Resultados	Diagnóstico
		Total					

Notas

Notas

Registro de Tratamientos en Lotes

inta sanidad animal

Fecha	ID Lote	Número de Animales	Enfermedad	Principio Activo	Nombre Comercial	Dosis mL	Vía Administracion	Frecuencia	Recuperados	Médico Veterinario
Totales										

Registro de Tratamientos en Lotes

ᐯ intar sanidad animal

Fecha	ID Lote	Número de Animales	Enfermedad	Principio Activo	Nombre Comercial	Dosis mL	Vía Administracion	Frecuencia	Recuperados	Médico Veterinario
	Totales									

Registro de Tratamientos en Lotes

vintar sanidad animal

Fecha	ID Lote	Número de Animales	Enfermedad	Principio Activo	Nombre Comercial	Dosis mL	Vía Administracion	Frecuencia	Recuperados	Médico Veterinario
	Totales									

Registro de Tratamientos en Lotes

🐂 intar sanidad animal

Fecha	ID Lote	Número de Animales	Enfermedad	Principio Activo	Nombre Comercial	Dosis mL	Via Administracion	Frecuencia	Recuperados	Médico Veterinario
Totales										

intar administrativo carne

MUERTES

Septiembre

Registro de muertes

Fecha	Id Animal	Id Lote	N° Animales	Causa	Observaciones

Registro de muertes

Fecha	Id Animal	Id Lote	N° Animales	Causa	Observaciones

Registro de muertes

Fecha	Id Animal	Id Lote	N° Animales	Causa	Observaciones

Notas

Notas

RESUMEN MENSUAL DE ENFERMEDADES DEL REBAÑO

Septiembre

Resumen Mensual y Estadística de Enfermedades del Rebaño

Vintar sanidad animal

Enfermedad Diagnosticada o Causas	Nro de Casos	Total Recuperados	Total Muertes	Inventario al cierre Mensual	% Morbilidad	% Mortalidad
Total				Promedio % General		

Notas

Notas

**CONTROL
SANITARIO**

Octubre

Registro de Vacunas

ʊinrar sanidad animal

Fecha de Aplicación	ID Lote Animales	Nro Animales	Nombre Vacuna	Lote Vacuna	Tipo de Vacuna	Nombre Comercial	Dosis	Fecha de Vencimiento	Fecha Revacunacion

Control Parasitario

🐮 intar sanidad animal

Fecha de Aplicación	ID Lote Animales	Nro Animales	Tipo Control	Via de Administración	Principio Activo	Nombre Comercial	Laboratorio	Dosis mL	Fecha Repeticion

Pruebas Diagnosticas

ᐯɪnтαɾ sanidad animal

Fecha	ID Lote Animales	Nombre de la Pruba	N° Reacciones	Fecha Repeticion	Observaciones

Notas

Notas

⊌ intar sanidad animal

CONTROL DE ENFERMEDADES DEL REBAÑO

Octubre

∀intar sanidad animal

**CONTROL
DE ENFERMEDADES
Y TRATAMIENTO
INDIVIDUAL**

Octubre

Registro de enfermedades individuales

Fecha	Id Animal	Sintomatologia	Descripcion del Examen	Resultado	Diagnostico

Registro de enfermedades individuales

Fecha	Id Animal	Sintomatologia	Descripcion del Examen	Resultado	Diagnostico

Registro de enfermedades individuales

Fecha	Id Animal	Sintomatologia	Descripcion del Examen	Resultado	Diagnostico

Registro de enfermedades individuales

Fecha	Id Animal	Sintomatologia	Descripcion del Examen	Resultado	Diagnostico

intar sanidad animal

Notas

Notas

Registro de Tratamientos Individuales

☥ intar sanidad animal

Fecha	ID Animal	Enfermedad	Principio Activo	Nombre Comercial	Dosis mL	Vía Administración	Frecuencia	Recuperado	Médico Veterinario
						Total			

Registro de Tratamientos Individuales

✔intar sanidad animal

Fecha	ID Animal	Enfermedad	Principio Activo	Nombre Comercial	Dosis mL	Vía Administración	Frecuencia	Recuperado	Médico Veterinario
						Total			

Registro de Tratamientos Individuales

ϑintar sanidad animal

Fecha	ID Animal	Enfermedad	Principio Activo	Nombre Comercial	Dosis mL	Vía Administración	Frecuencia	Recuperado	Médico Veterinario
						Total			

Registro de Tratamientos Individuales

vintar sanidad animal

Fecha	ID Animal	Enfermedad	Principio Activo	Nombre Comercial	Dosis mL	Vía Administración	Frecuencia	Recuperado	Médico Veterinario
							Total		

Notas

Notas

CONTROL DE ENFERMEDADES Y TRATAMIENTO POR LOTES

Octubre

Registro de Enfermedades en Lotes

Fecha	ID Lote	Ubicación	Número de animales	Sintomatología	Descripción del Examen	Resultados	Diagnóstico
		Total					

Registro de Enfermedades en Lotes

 sanidad animal

Fecha	ID Lote	Ubicación	Número de animales	Sintomatología	Descripción del Examen	Resultados	Diagnóstico
		Total					

Registro de Enfermedades en Lotes

ᵛinrar sanidad animal

Fecha	ID Lote	Ubicación	Número de animales	Sintomatologia	Descripción del Examen	Resultados	Diagnóstico
		Total					

Notas

Notas

Registro de Tratamientos en Lotes

vintar sanidad animal

Fecha	ID Lote	Número de Animales	Enfermedad	Principio Activo	Nombre Comercial	Dosis mL	Vía Administracion	Frecuencia	Recuperados	Médico Veterinario
Totales										

Registro de Tratamientos en Lotes

ʊınтɑг sanidad animal

Fecha	ID Lote	Número de Animales	Enfermedad	Principio Activo	Nombre Comercial	Dosis mL	Via Administracion	Frecuencia	Recuperados	Médico Veterinario
Totales										

Registro de Tratamientos en Lotes

Fecha	ID Lote	Número de Animales	Enfermedad	Principio Activo	Nombre Comercial	Dosis mL	Via Administracion	Frecuencia	Recuperados	Médico Veterinario
Totales										

Registro de Tratamientos en Lotes

ᴠɪɴᴛᴀr sanidad animal

Fecha	ID Lote	Número de Animales	Enfermedad	Principio Activo	Nombre Comercial	Dosis mL	Via Administracion	Frecuencia	Recuperados	Médico Veterinario
Totales										

intar administrativo carne

MUERTES

Octubre

Registro de muertes

Fecha	Id Animal	Id Lote	N° Animales	Causa	Observaciones

Registro de muertes

Fecha	Id Animal	Id Lote	N° Animales	Causa	Observaciones

Registro de muertes

Fecha	Id Animal	Id Lote	N° Animales	Causa	Observaciones

Notas

Notas

RESUMEN MENSUAL DE ENFERMEDADES DEL REBAÑO

Octubre

Resumen Mensual y Estadística de Enfermedades del Rebaño

ɣintar sanidad animal

Enfermedad Diagnosticada o Causas	Nro de Casos	Total Recuperados	Total Muertes	Inventario al cierre Mensual	% Morbilidad	% Mortalidad
Total				Promedio % General		

Notas

Notas

CONTROL SANITARIO

Noviembre

Registro de Vacunas

ᶌintar sanidad animal

Fecha de Aplicación	ID Lote Animales	Nro Animales	Nombre Vacuna	Lote Vacuna	Tipo de Vacuna	Nombre Comercial	Dosis	Fecha de Vencimiento	Fecha Revacunacion

Control Parasitario

Fecha de Aplicación	ID Lote Animales	Nro Animales	Tipo Control	Via de Administración	Principio Activo	Nombre Comercial	Laboratorio	Dosis mL	Fecha Repetición

Vintar sanidad animal

Pruebas Diagnósticas

∀intar sanidad animal

Fecha	ID Lote Animales	Nombre de la Pruba	N° Reacciones	Fecha Repeticion	Observaciones

Notas

Notas

intar sanidad animal

CONTROL DE ENFERMEDADES DEL REBAÑO

Noviembre

intar sanidad animal

**CONTROL
DE ENFERMEDADES
Y TRATAMIENTO
INDIVIDUAL**

Noviembre

Registro de enfermedades individuales

Fecha	Id Animal	Sintomatologia	Descripcion del Examen	Resultado	Diagnostico

Registro de enfermedades individuales

Fecha	Id Animal	Sintomatologia	Descripcion del Examen	Resultado	Diagnostico

Registro de enfermedades individuales

Fecha	Id Animal	Sintomatologia	Descripcion del Examen	Resultado	Diagnostico

Registro de enfermedades individuales

Fecha	Id Animal	Sintomatologia	Descripcion del Examen	Resultado	Diagnostico

Notas

Notas

Registro de Tratamientos Individuales

Fecha	ID Animal	Enfermedad	Principio Activo	Nombre Comercial	Dosis mL	Vía Administración	Frecuencia	Recuperado	Médico Veterinario
						Total			

vintar sanidad animal

Registro de Tratamientos Individuales

intar sanidad animal

Fecha	ID Animal	Enfermedad	Principio Activo	Nombre Comercial	Dosis mL	Vía Administración	Frecuencia	Recuperado	Médico Veterinario
Total									

Registro de Tratamientos Individuales

∀ınrar sanidad animal

Fecha	ID Animal	Enfermedad	Principio Activo	Nombre Comercial	Dosis mL	Vía Administración	Frecuencia	Recuperado	Médico Veterinario
						Total			

Registro de Tratamientos Individuales

♥ inrar sanidad animal

Fecha	ID Animal	Enfermedad	Principio Activo	Nombre Comercial	Dosis mL	Vía Administración	Frecuencia	Recuperado	Médico Veterinario
					Total				

Notas

Notas

CONTROL DE ENFERMEDADES Y TRATAMIENTO POR LOTES

Noviembre

Registro de Enfermedades en Lotes

intar sanidad animal

Fecha	ID Lote	Ubicación	Número de animales	Sintomatologia	Descripción del Examen	Resultados	Diagnóstico
		Total					

Registro de Enfermedades en Lotes

Aintar sanidad animal

Fecha	ID Lote	Ubicación	Número de animales	Sintomatología	Descripción del Examen	Resultados	Diagnóstico
		Total					

Registro de Enfermedades en Lotes

Ʊınɾɑɾ sanidad animal

Fecha	ID Lote	Ubicación	Número de animales	Sintomatologia	Descripción del Examen	Resultados	Diagnóstico
		Total					

Notas

Notas

Registro de Tratamientos en Lotes

 ᐯintar sanidad animal

Fecha	ID Lote	Número de Animales	Enfermedad	Principio Activo	Nombre Comercial	Dosis mL	Vía Administracion	Frecuencia	Recuperados	Médico Veterinario
Totales										

Registro de Tratamientos en Lotes

intar sanidad animal

Fecha	ID Lote	Numero de Animales	Enfermedad	Principio Activo	Nombre Comercial	Dosis mL	Via Administracion	Frecuencia	Recuperados	Médico Veterinario
	Totales									

Registro de Tratamientos en Lotes

Fecha	ID Lote	Número de Animales	Enfermedad	Principio Activo	Nombre Comercial	Dosis mL	Vía Administracion	Frecuencia	Recuperados	Médico Veterinario
Totales										

Registro de Tratamientos en Lotes

ʋɪntɑɾ sanidad animal

Fecha	ID Lote	Número de Animales	Enfermedad	Principio Activo	Nombre Comercial	Dosis mL	Vía Administracion	Frecuencia	Recuperados	Médico Veterinario
	Totales									

◊ intar administrativo carne

MUERTES

Noviembre

Registro de muertes

Fecha	Id Animal	Id Lote	N° Animales	Causa	Observaciones

Registro de muertes

Fecha	Id Animal	Id Lote	N° Animales	Causa	Observaciones

Registro de muertes

Fecha	Id Animal	Id Lote	N° Animales	Causa	Observaciones

Notas

Notas

RESUMEN MENSUAL DE ENFERMEDADES DEL REBAÑO

Noviembre

Resumen Mensual y Estadística de Enfermedades del Rebaño

Vintar sanidad animal

Enfermedad Diagnosticada o Causas	Nro de Casos	Total Recuperados	Total Muertes	Inventario al cierre Mensual	% Morbilidad	% Mortalidad
Total				**Promedio % General**		

Notas

intar sanidad animal

Notas

CONTROL SANITARIO

Diciembre

Registro de Vacunas

vintar sanidad animal

Fecha de Aplicación	ID Lote Animales	Nro Animales	Nombre Vacuna	Lote Vacuna	Tipo de Vacuna	Nombre Comercial	Dosis	Fecha de Vencimiento	Fecha Revacunacion

Control Parasitario

Fecha de Aplicación	ID Lote Animales	Nro Animales	Tipo Control	Via de Administración	Principio Activo	Nombre Comercial	Laboratorio	Dosis mL	Fecha Repeticion

intar sanidad animal

Pruebas Diagnosticas

ϑintar sanidad animal

Fecha	ID Lote Animales	Nombre de la Pruba	N° Reacciones	Fecha Repeticion	Observaciones

Notas

Notas

intar sanidad animal

CONTROL DE ENFERMEDADES DEL REBAÑO

Diciembre

intar sanidad animal

CONTROL DE ENFERMEDADES Y TRATAMIENTO INDIVIDUAL

Diciembre

Registro de enfermedades individuales

Fecha	Id Animal	Sintomatologia	Descripcion del Examen	Resultado	Diagnostico

Registro de enfermedades individuales

Fecha	Id Animal	Sintomatologia	Descripcion del Examen	Resultado	Diagnostico

Registro de enfermedades individuales

Fecha	Id Animal	Sintomatologia	Descripcion del Examen	Resultado	Diagnostico

Registro de enfermedades individuales

Fecha	Id Animal	Sintomatologia	Descripcion del Examen	Resultado	Diagnostico

Notas

Notas

Registro de Tratamientos Individuales

ꝏintar sanidad animal

Fecha	ID Animal	Enfermedad	Principio Activo	Nombre Comercial	Dosis mL	Vía Administración	Frecuencia	Recuperado	Médico Veterinario
							Total		

Registro de Tratamientos Individuales

∀ınraɾ sanidad animal

Fecha	ID Animal	Enfermedad	Principio Activo	Nombre Comercial	Dosis mL	Via Administración	Frecuencia	Recuperado	Médico Veterinario
					Total				

Registro de Tratamientos Individuales

Fecha	ID Animal	Enfermedad	Principio Activo	Nombre Comercial	Dosis mL	Vía Administración	Frecuencia	Recuperado	Médico Veterinario
					Total				

intar sanidad animal

Registro de Tratamientos Individuales

ʋinʋar sanidad animal

Fecha	ID Animal	Enfermedad	Principio Activo	Nombre Comercial	Dosis mL	Vía Administración	Frecuencia	Recuperado	Médico Veterinario
						Total			

Notas

Notas

**CONTROL
DE ENFERMEDADES
Y TRATAMIENTO
POR LOTES**

Diciembre

Registro de Enfermedades en Lotes

Fecha	ID Lote	Ubicación	Número de animales	Sintomatología	Descripción del Examen	Resultados	Diagnóstico
		Total					

Registro de Enfermedades en Lotes

🜨 intur sanidad animal

Fecha	ID Lote	Ubicación	Número de animales	Sintomatologia	Descripción del Examen	Resultados	Diagnóstico
	Total						

Registro de Enfermedades en Lotes

intar sanidad animal

Fecha	ID Lote	Ubicación	Número de animales	Sintomatología	Descripción del Examen	Resultados	Diagnóstico
		Total					

Notas

Notas

Registro de Tratamientos en Lotes

ᐯinTar sanidad animal

Fecha	ID Lote	Número de Animales	Enfermedad	Principio Activo	Nombre Comercial	Dosis mL	Vía Administracion	Frecuencia	Recuperados	Médico Veterinario
Totales										

Registro de Tratamientos en Lotes

Ⱥɪɴᴛᴀʀ sanidad animal

Fecha	ID Lote	Numero de Animales	Enfermedad	Principio Activo	Nombre Comercial	Dosis mL	Vía Administracion	Frecuencia	Recuperados	Médico Veterinario
	Totales									

Registro de Tratamientos en Lotes

vintar sanidad animal

Fecha	ID Lote	Número de Animales	Enfermedad	Principio Activo	Nombre Comercial	Dosis mL	Via Administracion	Frecuencia	Recuperados	Médico Veterinario
Totales										

Registro de Tratamientos en Lotes

ƔINTAr sanidad animal

Fecha	ID Lote	Número de Animales	Enfermedad	Principio Activo	Nombre Comercial	Dosis mL	Vía Administracion	Frecuencia	Recuperados	Médico Veterinario
Totales										

intar administrativo carne

MUERTES

Diciembre

Registro de muertes

Fecha	Id Animal	Id Lote	N° Animales	Causa	Observaciones

Registro de muertes

Fecha	Id Animal	Id Lote	N° Animales	Causa	Observaciones

Registro de muertes

Fecha	Id Animal	Id Lote	N° Animales	Causa	Observaciones

Notas

Notas

RESUMEN MENSUAL DE ENFERMEDADES DEL REBAÑO

Diciembre

Resumen Mensual y Estadística de Enfermedades del Rebaño — Vintar sanidad animal

Enfermedad Diagnosticada o Causas	Nro de Casos	Total Recuperados	Total Muertes	Inventario al cierre Mensual	% Morbilidad	% Mortalidad
Total				Promedio % General		

Notas

Notas

RESUMEN ANUAL DE ENFERMEDADES DEL REBAÑO

Resumen Anual y Estadística de Enfermedades del Rebaño

Ɣintar sanidad animal

MES	Nro de Casos	Total Recuperados	Inventario al cierre del Mes	Total Muertes	% Morbilidad	% Mortalidad
ENERO						
FEBRERO						
MARZO						
ABRIL						
MAYO						
JUNIO						
JULIO						
AGOSTO						
SEPTIEMBRE						
OCTUBRE						
NOVIEMBRE						
DICIEMBRE						
TOTALES						
PROMEDIOS						

Resumen Anual y Estadística por Descripción de Enfermedad del Rebaño

intar sanidad animal

Enfermedad Diagnosticada o Causas	Nro de Casos	Total Recuperados	Promedio anual de Inventario	Total Muertes	% Morbilidad	% Mortalidad

Resumen Anual y Estadística por Descripción de Enfermedad del Rebaño

intar sanidad animal

Enfermedad Diagnosticada o Causas	Nro de Casos	Total Recuperados	Promedio anual de Inventario	Total Muertes	% Morbilidad	% Mortalidad

Notas

Notas

Made in the USA
Columbia, SC
16 July 2022